MARIA VERKÜNDIGUNG

oder:

Der universelle Ruf
jungfräuliche Mutter
zu sein

eine neue Betrachtung

in der heutigen Welt
für die heutige Welt

in deutscher Übersetzung

John Martin Sahajananda

NEUE VERKÜNDIGUNG

Der universelle Ruf
jungfräuliche Mutter zu sein

Bibliografische Information der Deutschen Nationalbibliothek: Die Deutsche Nationalbibliothek verzeichnet diese Publikation in der Deutschen Nationalbibliografie; detaillierte bibliografische Daten sind im Internet über http://dnb.dnb.de abrufbar.

Originaltitel: „New Annunciation – The universal call to be virgin Mother"
© Copyright 2013 John Martin Sahajananda Kuvarapu
© Copyright 2024 Sahajananda Books, 2.Auflage
© Copyright 2024 Deutsche Übersetzung VANYA

Verlag: BoD · Books on Demand GmbH, In de Tarpen 42, 22848 Norderstedt
Druck: Libri Plureos GmbH, Friedensallee 273, 22763 Hamburg

ISBN: 978-3-7597-2970-5

An

Meine Gotteskinder

Maya Moch
Freya Moch
Agnes Sharp
Rose Sharp

*Mögen sie sich ihrer Berufung bewusstwerden,
gläubige Mütter Gottes zu sein.*

Die Jungfrau Maria im Shantivanam Ashram

Maria Verkündigung

Der universelle Ruf
jungfräuliche Mutter
zu sein

eine neue Betrachtung
in der heutigen Welt
für die heutige Welt

Vorwort

Im Jahr 2012 herrschen Wissenschaft, Säkularismus, Atheismus und morali-
scher Relativismus vor, das Christentum verliert an Einfluss und die Kirchen in
Europa werden immer leerer. Fundamentalismus und religiöse Gewalt nehmen
zu und es kommt zu Konflikten zwischen Wissenschaft und Religion. Die Menschen wenden sich von der Religion ab und der Spiritualität zu und die Zahl der
"New Agers" nimmt zu.

und dann

Gott sandte den Engel Gabriel zu einer jungen Frau namens Maria, die in einem
unbekannten indischen Dorf namens Sathya Guha lebte, was so viel bedeutet wie
"Höhle der Wahrheit".

MARIA VERKÜNDIGUNG

Engel

Gegrüßet seist du, Maria, voll der Gnade, der Herr ist mit dir.

Maria

Oh mein Herr, wer bist du? Was bedeutet dein Gruß?

Engel

Maria, ich bin der Erzengel Gabriel, der in d e r Gegenwart Gottes dient. Habe keine Angst. Gott hat mich gesandt, um dir eine gute Nachricht zu verkünden. Diese Nachricht wird eine gute Nachricht für die ganze Menschheit sein. Gott hat dich auserwählt das Kind Gottes zu gebären.

Maria

Oh mein Herr, bitte setz dich. Was bedeutet es, das Kind Gottes zu gebären?

Engel

Maria, die Menschheit ist gespalten. Es gibt so viel Gewalt in der Welt im Namen von Religionen, Nationalitäten und ethnischen Gruppen. Säkularismus, Atheismus und Relativismus regieren den Tag. Die Menschen wenden sich von der Religion ab und die Kirchen in Europa werden immer leerer. Es gibt so viel Individualismus und Materialismus in der Welt. Der religiöse Fundamentalismus nimmt zu. Gott braucht eine Jungfrau, die mit Gottes Plan zusammenarbeitet und das Kind Gottes gebiert, das die Mauern der Trennung niederreißen und einen Gott, eine Schöpfung und eine Menschheit schaffen wird. Dieses Kind wird die Menschen befreien und den wahren Sinn der menschlichen Existenz aufzeigen. Dieses Kind wird Heilung, Einheit und Frieden in die Welt bringen

Maria

Mein Herr, meinst du, dass Gott eine physische Jungfrau braucht?

Engel

Maria, es gibt zwei Arten von Jungfräulichkeit, die körperliche und die geistliche. Was Gott braucht, ist eine geistliche Jungfrau, keine körperliche Jungfrau.

Maria

Oh mein Herr, vergib mir meine Unwissenheit und sei nicht böse mit mir, wenn ich dir Fragen stelle. Was bedeutet es, geistig eine Jungfrau zu sein?

Engel

Maria, hab keine Angst, Fragen zu stellen. Es ist wichtig, dass du Fragen stellst. Eine spirituelle Jungfrau ist jemand, der den Mut hat, den Gott seiner Vorfahren, den Gott der Vergangenheit, aufzugeben und den Gott der Ewigkeit zu gebären: *Ich bin, was ich bin*. Das Kind, das von dieser Jungfrau geboren wird, wird nicht nach der Vergangenheit benannt werden, sondern von der Ewigkeit sein. Dieses Kind wird der Sohn Gottes oder die Tochter Gottes genannt werden. Die Ausdrücke "Sohn Gottes" und "Tochter Gottes" sind metaphorisch.

Maria

O mein Herr, warum sollten wir den Gott unserer Vorfahren aufgeben? Gibt uns unser Gott nicht eine Richtung, ein Licht, eine Regel für unser Leben, ein Gefühl der Zugehörigkeit und Sicherheit? Sollten wir dem Gott unserer Vorfahren und unserer Tradition nicht treu und dankbar sein?

Engel

Maria, es ist wahr, dass der Gott deiner Tradition dir Orientierung und Sicherheit gibt, und du musst dem Gott deiner Vorfahren dankbar sein. aber wenn du Gott auf den Gott deiner Tradition beschränkst, spaltet das die Menschheit und kontrolliert den Willen und den Intellekt der Menschen. Die Menschen haben dann keine wirkliche Freiheit und keinen freien Willen. Wenn Zweifel aufkommen, dann leben sie entweder in einem ständigen inneren Konflikt oder rebellieren gegen Gott und erklären den "Tod Gottes".

Maria

Oh mein Herr, heute gibt es Millionen von Menschen auf der Welt, die sich als Säkularisten und Atheisten bezeichnen.

Sie glauben nicht an Gott und w o l l e n ihr Leben ohne Religion oder Gott leben. Sie sind allergisch gegen Gott und wollen das Wort "Gott" nicht hören. Sie schauen seltsam auf Menschen, die an Gott glauben und von Religion sprechen. Einige sind sehr aggressiv und w o l l e n Gott aus dem öffentlichen Leben verbannen. Andere wollen eine säkulare Spiritualität ohne Gott und Religion leben. Es gibt auch "New Ager", die ihre eigenen synkretistischen Glaubenssysteme schaffen. Und es gibt einige Wissenschaftler, die sogar die Existenz Gottes leugnen. Ich frage mich, welchen Status sie wohl haben. Sind sie verloren oder haben sie einen Platz im Plan Gottes?

Engel

Maria, Säkularismus und Atheismus sind die tiefe Sehnsucht des menschlichen Herzens, sich von dem Gott der Vergangenheit und der Autorität zu befreien und den Gott der Ewigkeit und der Freiheit zu entdecken. Da die Religion den Menschen an den Gott der Autorität bindet, verschließt sie die Tür zum Gott der Freiheit. Indem man den Gott der Religionen, des Säkularismus und des Atheismus ablehnt, befreit man den menschlichen Geist. Sie entkonditionieren den menschlichen Verstand und machen ihn zu einem jungfräulichen Verstand. Aber es gibt eine Zwischenzeit. Die Religionen und der Gott der Religionen haben eine Menge unterdrückter und unterdrückender Energien im menschlichen Bewusstsein geschaffen. Diese Energien müssen manifestiert werden. Individualismus und Materialismus werden die Oberhand gewinnen. Durch die Manifestation werden sie gereinigt werden. Dann werden die Menschen bereit und offen sein, auf die Stimme Gottes zu hören. Sie werden von einem Engel Gottes mit der guten Nachricht besucht werden, dass sie von Gott auserwählt sind, den Gott der Freiheit und der Ewigkeit zu gebären. Es wird ein außergewöhnliches spirituelles Erwachen geben und die Feier von Weihnachten wird im Leben eines jeden Menschen stattfinden. Es wird keine auf Religionen basierende Spiritualität geben, sondern eine, die auf innerer Wahrheit beruht und in der jeder wie Jesus sagt: "Ich bin der Weg, die Wahrheit und das Leben". Dies ist die Ankunft des neuen Bundes, den Gott vor zweitausend Jahren durch Jesus Christus versprochen und eingeweiht hat. Maria, die Menschheit bewegt sich auf diesen neuen Bund zu. Säkularismus und Atheismus bereiten die Menschheit auf dieses neue Leben vor. Auch das Neue Zeitalter gehört zum evolutionären Prozess des menschlichen Bewusstseins und wird seine Erfüllung im neuen Bund finden. Die Wissenschaft wird ihre Grenzen erkennen und die Menschheit schließlich zu Gott führen.

Maria
Mein Herr, willst d u damit sagen, dass es zwei Götter gibt: den Gott der Geschichte und den Gott der Ewigkeit?

Engel

Maria, es gibt nicht zwei Götter. Es gibt nur einen Gott. Dieser Gott ist wie der unendliche Raum. Der Gott der Geschichte ist in gewisser Weise die Projektion des menschlichen Geistes. Religionen können mit dem Bau von Häusern verglichen werden, die den Bedürfnissen und der Entwicklung der Menschen entsprechen. Der unendliche Gott erlaubt es den Menschen, diese Häuser zu bauen, und inspiriert sie sogar dazu. Diese Häuser dienen als der Schoß Gottes, in dem Gott die Menschen empfängt, sie beschützt, nährt und, wenn sie bereit sind, in die Ewigkeit gebiert. Schwierig wird es erst, wenn der Mensch den Raum in s e i n e m Haus als die absolute Wahrheit, als den unendlichen Raum betrachtet. Wenn dies geschieht, halten sich die Menschen in der konditionierten Wahrheit gefangen und erschaffen eine Welt voller Konflikte und Gewalt. Den Gott der Geschichte abzuschaffen bedeutet, aus dem begrenzten Raum innerhalb der Mauern herauszutreten und in die Freiheit des unendlichen Raumes einzutreten. Gott lädt die Menschheit ein, zu wachsen.

Maria

Oh mein Herr, bedeutet das, dass es nicht notwendig ist, dem Gott unserer Vorfahren treu zu sein?

Engel

Maria, Gott hat den Menschen so gestaltet, dass er geistig vom Gott der Geschichte zum Gott der Zukunft wachsen kann. Ewigkeit, vom Gott der Autorität zum Gott der Freiheit, vom Gott der Worte zum Gott des Schweigens. Gott wünscht sich die Einheit der Menschheit und die Freiheit der Menschen. Die ausschließliche Treue zu den Gottesvorstellungen der eigenen Tradition blockiert dieses geistige Wachstum, spaltet die Menschen und hält sie in geistiger Infantilität. Sie wird zu einer ständigen Quelle von Konflikten und Gewalt in der Welt. Um das geistige Wachstum der Menschen zum Erwachsensein, die Einheit der Menschheit und die Freiheit der Menschen zu ermöglichen, müssen Sie den Gott der Vergangenheit und der Autorität aufgeben oder ihm entwachsen und das Kind Gottes, den Gott der Gegenwart und der Freiheit, zur Welt bringen. Nur dann wird es Frieden auf der Welt geben.

Maria

Oh mein Herr, ist dieses Kind körperlich oder geistig?

Engel

Maria, dieses Kind wird sowohl körperlich als auch geistig sein.

Maria

Oh mein Herr, was bedeutet es, dass das Kind körperlich ist?

Engel

Maria, wenn zum Beispiel die leiblichen Eltern bei der Geburt ihrer leiblichen Kinder niederknien und sagen, dieses Kind ist nicht unser Kind, sondern Gottes Kind - wir sind nur die Pflegeeltern für Gottes Kind - dann werden diese Eltern zu jungfräulichen Eltern. Die Geburt dieses Kindes wird dann als Jungfrauengeburt betrachtet werden. Das wäre das Fest der Weihnacht. In Wirklichkeit sind alle Kinder Gottes Kinder. Die menschlichen Eltern sind nur Pflegeeltern, aber aus Unwissenheit machen sie sich zu eigen, was Gott gehört. Wenn Kinder nach der eigenen Tradition oder Religion erzogen werden, dann wird die Saat der Uneinigkeit, des Konflikts und der Gewalt von Anfang an in ihre zarten Gemüter gesät, und die Menschen schaffen eine Welt voller Konflikte und Gewalt. Die Menschen können nicht die Früchte des Friedens und der Einheit ernten, wenn sie die Saat der Spaltung und der Gewalt säen. Die Menschen ernten, was sie säen. Wenn die Menschen Frieden und Einheit wollen, dann müssen sie die Saat des Friedens und der Einheit säen. Wenn alle Kinder als "Kinder Gottes" erzogen werden, dann säen sie die Saat der Einheit und des Friedens, dann werden sie auch die Früchte der Einheit und des Friedens ernten. Es wird eine Zusammenarbeit zwischen den Religionen geben.

Maria

Oh mein Herr, wie können wir Kinder a l s   Kinder Gottes erziehen?

Engel

Maria, das ist ganz einfach. Eltern, ob physisch oder religiös, sollten sich vor Augen halten, dass Kinder nicht für ihre Kontinuität da sind, sondern für Gott, für die Ewigkeit. Den Kindern sollte beigebracht werden, dass es nur einen Gott, eine Schöpfung und eine Menschheit gibt; dass jeder Mensch eine einzigartige Manifestation Gottes ist, dass die Menschen geschaffen wurden, um die göttlichen Eigenschaften der Liebe und des Mitgefühls in menschlichen Beziehungen zu manifestieren. Maria, Kindern sollte geholfen werden, ihre Menschenwürde zu entdecken und in die Liebe zu Gott und zum Nächsten hineinzuwachsen. Diese beiden sollten das Wesentliche jeder geistlichen Ausbildung sein. Die Kinder sollen lernen, dass Gott größer ist als die Menschen und die Religionen. Der Mensch als Ebenbild Gottes ist größer als die Religionen, und schließlich sollen die Religionen den Menschen dienen und nicht die Menschen den Religionen. Maria, wenn Kindern nur ihre Religion beigebracht wird, dann lernen sie, dass die Religion an erster Stelle steht und dass Gott, wie er von dieser Religion verstanden wird, an zweiter Stelle kommt. An dritter Stelle stehen die Menschen, die Gott innerhalb dieser Religion zu dienen haben. Uneinigkeit und Gewalt in der Welt entstehen nur, wenn die Menschen den Religionen dienen. Maria, die Religionen sollten den Menschen als Pflegeeltern für die Kinder Gottes zu Diensten sein. Erinnerst du dich daran, was Jesus sagte: "Der Sabbat ist für die Menschen gemacht und nicht die Menschen um des Sabbats willen".

Maria

Oh mein Herr, was bedeutet es, dass dieses Kind geistig ist?

Engel

Maria, es ist die Geburt des universellen Bewusstseins. Sie gebiert das Bild und Gleichnis Gottes. Dieses universelle Bewusstsein reißt alle Schranken nieder und schafft einen Gott, eine Schöpfung und eine Menschheit. Dieses Bewusstsein ist mit der gesamten Menschheit und der Schöpfung vereint und lebt für das Wohl der gesamten Menschheit und der Schöpfung. Es lebt in Einheit, Freiheit, Kreativität, Frieden und universeller Liebe. Seine Identität ist "Ich bin".

Maria

Oh mein Herr, wo findet diese Geburt statt?

Engel

Maria, diese Geburt findet in dir statt, in deinem ewigen Selbst und dem ewigem Selbst eines jeden Menschen. Sie findet in der Höhle deines Herzens statt. Die Geburt des universellen Bewusstseins ist die Entdeckung deines Ebenbildes und deiner Ähnlichkeit mit Gott.

Maria

Oh mein Herr, ich fühle, dass ich nicht würdig bin, die Mutter dieses Kindes, dieses universellen Bewusstseins, zu sein.

Engel

Maria, halte dich nicht für unwürdig für diesen Ruf. Niemand ist unwürdig für diesen Ruf. Jeder ist d i e s e s Rufes würdig. Gott hat jeden nach seinem Bild und Gleichnis geschaffen. Dieses Bild und Gleichnis Gottes ist dein ewiges Selbst und es ist ewig jungfräulich. Diese Jungfräulichkeit kann dir nicht genommen werden, auch wenn du körperlich und geistig Kinder hast. In diesem jungfräulichen Selbst bringst du das Kind Gottes, das universelle Bewusstsein, zur Welt, nicht in deinem physischen Körper oder psychologischen Selbst. Weil ihr euch mit eurem physischen Körper oder eurem psychologischen Selbst identifiziert, habt ihr das Gefühl, dass ihr dieser Berufung nicht würdig seid.

Maria

Oh mein Herr, was muss ich tun, um mein jungfräuliches Selbst zu entdecken?

Engel

Maria, du musst wiedergeboren werden. Du musst dein niederes Selbst überwinden, d.h. dich von all d e n Etiketten lösen, die dich von anderen trennen. Du musst aus dem Schoß deiner Tradition heraustreten und den Gott der Ewigkeit betreten. Du musst deine ursprüngliche Identität "Ich bin" entdecken. Der Gott der Religionen ist mit deinem begrenzten, konditionierten, getrennten Selbst verbunden. Dieser Gott schafft ein kollektives Bewusstsein und eine Identität. Diese Identität teilt die Menschen in Gruppen ein und ist die Quelle von Konflikten und Gewalt in der Welt. Sie müssen dieses niedere Selbst transzendieren. Erinnerst du dich daran, was Jesus seinen Zuhörern sagte: "Wenn ihr bereit seid, euch selbst zu verlieren, werdet ihr euch selbst gewinnen. Wenn du dich selbst gewinnst, wirst du es verlieren". Er meinte d a m i t, dass du dein höheres Selbst verlierst, wenn du dich an dein niederes Selbst klammerst. Maria, im wahren Selbst gibt es keinen Platz für Religionen. Wenn du den Mut hast, über dein konditioniertes Selbst hinauszuwachsen, dann wirst du dein jungfräuliches Selbst entdecken. Das ist es, was es bedeutet, wiedergeboren zu werden. Erinnerst du dich nicht daran, was Jesus zu Nikodemus sagte: "Wenn du nicht von neuem geboren wirst, kannst du nicht in das Himmelreich kommen". Nikodemus befand sich im Schoß seiner Religion.

Jesus forderte ihn auf, aus diesem herauszukommen. Gott fordert dich auf, das G l e i c h e zu tun.

Maria

Oh mein Herr. Wie kann ich das tun? Ich gehöre einer spirituellen Tradition an, die mehr als zweitausend Jahre alt ist. Wie kann ich mich von dem Gott meiner Tradition abwenden? Wie kann ich meiner Tradition untreu werden und Abtrünnigkeit begehen? Werde ich nicht von meinem Volk isoliert werden und mich einsam fühlen? Werde ich nicht als Gotteslästerer angesehen und mit Exkommunikation und sogar dem Tod bedroht?

Engel

Maria, es ist leicht, die Beziehung zu missverstehen zwischen religiösen Traditionen und M e n s c h e n. Die Religion als Glaubenssystem ist wie ein Nest, in dem der Mensch gezeugt, geschützt, genährt und geborgen wird, bis er bereit ist, in d i e Freiheit des unendlichen Raums zu fliegen. Die Religion sollte nicht wie e i n Käfig werden, in dem sich die Menschen im Namen der Sicherheit einsperren. Die Religion ist wie ein Mutterleib. Ein Mutterleib hat zwei Funktionen: zu empfangen und zu gebären. Wenn die Religion nur empfangen und nicht gebären will, dann wird sie zu einem Grab. Die Menschen gehen in die Religion hinein und kommen nie wieder heraus. Maria, erinnerst du dich daran, was Jesus tat, als die religiösen Autoritäten ihn in ein Grab legten? Er konnte dort nicht bleiben. Er brach es auf und kam heraus. Er verwandelte das Grab in einen Schoß. Er wurde in die Freiheit geboren. Er gab seiner Religion das Geschenk der Mutterschaft. Er wollte, dass alle dasselbe tun. Maria, deine religiöse Tradition ist wie deine leibliche Mutter. Hat deine leibliche Mutter dir gesagt, dass du ihr gegenüber untreu wurdest, als du aus ihrem Schoß kamst? Hat sie erwartet, dass du für immer in ihrem Schoß bleibst? Hat sie dich einen Gotteslästerer genannt und dich exkommuniziert, als du herauskamst?

Maria

Mein Herr, meine Mutter war sicherlich glücklich, als ich geboren wurde. Sie wusste, dass ich herauskommen würde, und sie wartete sehnsüchtig auf den Tag meiner Geburt. Meine Geburt war der Tag der Erfüllung und der Freude in ihrem Leben. Meine Geburt gab ihr das Geschenk der Mutterschaft. Meine Mutter nährte mich zur Unabhängigkeit und Freiheit.

Engel

Maria, so ist es auch mit deiner geistigen Tradition, die deine geistige Mutter ist. Sie will, dass du geboren wirst und in die Freiheit hineinwächst. Dein Wunsch, deiner Tradition gegenüber loyal zu sein, ist ein Missverständnis. In der Frage des spirituellen Wachstums gibt es keinen Platz für Loyalität oder Illoyalität. Loyalität und Illoyalität entstehen nur, wenn die Menschen ihre spirituelle Reise anhalten, ein festes Haus bauen und zu Beschützern dieses Hauses werden.

Diejenigen, die auf der Reise sind, bauen kein festes Haus, sondern leben in Zelten, einer Unterkunft für eine vorübergehende Rast, wie Abraham. Erinnerst du dich, was Jesus sagte? "Die Füchse haben ihre Höhlen, die Vögel haben ihre Nester, der Menschensohn aber kann sich nirgends hinlegen und ausruhen". Maria, Wahrheit ist Leben. Das Leben ist etwas Lebendiges und Dynamisches. Es ist eine Bewegung. Es entfaltet ständig seine Fülle. Es ist immer auf dem Weg. Es lässt sich nicht in einem Haus, in einem Loch oder in einem Nest nieder.

Maria, tief in deinem Wunsch, treu zu sein, liegt auch deine tiefe Angst, deine Unsicherheit und dein verborgener Wunsch, nicht zu wachsen. Nicht zu wachsen ist ein Zeichen des Todes. Das verursacht zu viel Leid für deine geistige Mutter. Die Einladung Gottes an dich, in den Gott der Ewigkeit einzutreten, ist auch die tiefe Sehnsucht

deiner spirituellen Tradition. Leider interpretieren die geistigen Führer die Rolle der religiösen Traditionen falsch und blockieren dieses
geistige Wachstum der Menschen.

Erinnerst du dich, was Jesus Christus zu den geistigen Führern seiner
Zeit sagte? Er sagte: "Ihr habt die Schlüssel zum Himmelreich; weder
geht ihr hinein noch lasst ihr andere hinein". Absolute Loyalität zu
verlangen, religiöse Verfolgungen, jemanden als Gotteslästerer zu
betrachten, Menschen zu exkommunizieren und zu töten, entspringt
der Unwissenheit und der Verdorbenheit der Wahrheit. Wo es Macht
und Autorität gibt, ist auch die Wahrheit korrumpiert. Es ist die
konditionierte Wahrheit, die Macht und Autorität schafft und den Gehorsam des Willens und des Intellekts verlangt. Die unkonditionierte
Wahrheit strebt nicht nach Macht und Autorität: sie verlangt nicht den
Gehorsam des Willens und des Intellekts, sondern macht den
Menschen frei. Erinnerst du dich an das, was Jesus gesagt hat: "Ich bin
gekommen, um Leben zu geben und es in Fülle zu geben". Jesus
Christus gab seinen Jüngern die Schlüssel des Reiches Gottes, damit
sie die Tür der Religion öffnen und den Menschen helfen können, in
die Freiheit des Lebens in unendlichen Raum zu gelangen. Leider, aber
verständlicherweise, sind die Worte Jesu falsch interpretiert worden.
Die Schlüssel der Befreiung wurden in Schlüssel der Macht und Autorität umgewandelt. Sie werden immer noch benutzt, um Menschen zu
kontrollieren und ihr geistiges Wachstum zu verhindern.

Maria, Gott möchte, dass du mit Gottes Plan zusammenarbeitest und
die Geburt eines neuen menschlichen Bewusstseins ermöglichst, das
über die Religion hinausgeht, das die Religion umwandelt und die
Menschen von der Macht der religiösen Führer befreit.

Maria

Oh mein Herr, deine Argumente sind sehr überzeugend. Intellektuell
sehe ich die Wahrheit und stimme dir zu, aber emotional fühle ich,

dass diese Forderung zu viel für mich ist. Warum kann Gott nicht religiöse Autoritäten auswählen, damit die Botschaft leichter angenommen werden können?

Engel

Maria, sicherlich sind die religiösen Autoritäten mächtig und sehr angesehen, aber sie haben nicht das Herz einer Jungfrau. Tief im Inneren wünschen sie sich nicht wirklich das geistige Wachstum und die Befreiung ihrer Anhänger. Sie wollen nur den Fortbestand ihrer Macht, Autorität und Position. Sie wünschen sich den Fortbestand ihrer Glaubenssysteme. Sie wollen Anhänger nur für die Kontinuität ihrer Glaubenssysteme. Maria, Kinder nur für die Kontinuität zu wählen, sei es physisch oder spirituell, bedeutet, sie zu töten. Weißt du noch, was der Patriarch Abraham tat? Er wählte Isaak für seine Kontinuität und tötete ihn deshalb geistig. Gott griff ein und forderte ihn auf, seinen Sohn zu opfern und seinen Sohn für Gott zu wählen, für die Ewigkeit. Abraham nahm den Ruf Gottes an und wurde zur jungfräulichen Mutter. Maria, jedes Kind ist die einzigartige Manifestation Gottes. Jedes Kind wird für die Ewigkeit und nicht für die Kontinuität geboren. Es ist Sünde, Kinder für die Kontinuität zu wählen, sei es physisch oder geistig. Leider wollen unwissende religiöse Führer Kinder, um den Fortbestand einer Religion zu sichern. Das schmerzt Gott so sehr. Wenn Gott einen Engel zu den Religionen schicken sollte mit der Botschaft an die Führer, Jungfrauen zu werden, würden sie nicht daran glauben. Wenn sie von außen kommt, werden sie sie ablehnen und sie als Blasphemie oder Ketzerei bezeichnen und vielleicht sogar Gewalt anwenden. Maria, Gewalt entsteht, wenn Menschen eine Einladung zum Wachstum ablehnen, aber auch, wenn Menschen wachsen wollen. Die Gewalt, die vom religiösen Fundamentalismus ausgeht, ist die Gewalt der Weigerung zu wachsen. Die Rebellion gegen jede Art von Fundamentalismus ist die Gewalt, die aus dem Bedürfnis nach Wachstum entsteht. Maria, du erinnerst dich sicher an die Jungfrau Maria. Sie wählte ihren Sohn für Gott und nicht für sich selbst. Sie war wie Abraham. Sie opferte ihren Sohn für Gott. Sie kniete nieder und betete ihren Sohn als den Sohn Gottes an. Sie hatte kein Verlangen nach Macht und Kontinuität. Sie erklärte, ihr Sohn sei eine einzigartige Manifestation Gottes, und sie sei nur dazu da, ihrem Sohn zu helfen, seine einzigartige Berufung zu verwirklichen.

Maria, das Problem liegt nicht bei der Religion, sondern bei den religiösen Führern, die die Religion benutzen. Religionen und heilige Schriften sind wie Wegweiser, die immer auf Gott hinweisen. Aber religiöse Autoritäten benutzen Religionen und Schriften, um ihre Macht und Position zu erhalten. Sie können nur dann das Herz einer Jungfrau haben, wenn sie bereit sind, auf ihr Verlangen nach Macht und Autorität zu verzichten und sich wie die Jungfrau Maria in den Dienst der Menschen zu stellen. Aber es ist sehr schwierig und selten, dass sie dazu in der Lage sind. In der Tat sind die religiösen Führer zu einem Hindernis für Frieden, Einheit und Freiheit geworden. Maria, Frieden, Einheit und Freiheit sind so frei verfügbar wie das Sonnenlicht am Tag. Wenn die Menschen in ihren verschlossenen Türen der konditionierten Wahrheit bleiben und nach dem Licht suchen, wie können sie es finden? Sie brauchen nur ihre Türen zu öffnen und nach draußen zu gehen, um zu sehen, dass Frieden und Einheit bereits da sind. So einfach ist das. Maria, Gott möchte, dass du, wie die Jungfrau Maria, Kinder für Gott auswählst; dass du die Tür öffnest und die Geburt dieses Kindes ermöglichst, das Frieden, Einheit und Freiheit in die Welt bringt.

Maria

Oh mein Herr, die Jungfrau Maria wurde von Gott besonders gesegnet. Ich bin nur eine gewöhnliche arme Frau aus dem Dorf. Niemand wird mir glauben, niemand wird mir zuhören und niemand wird mich ernst nehmen. Oh mein Herr, ich habe Angst. Es gibt viele Menschen, die besser geeignet sind als ich. Bitte, können Sie Gott bitten, jemanden zu wählen, der stärker ist als ich?

Engel

Maria, der Ruf Gottes ist unwiderruflich. Habt keine Angst. Gott weiß, dass du eine arme kleine Dorfbewohnerin bist. Du bist ein Niemand und du bist machtlos. In deiner Sanftmut und Ohnmacht werden sich die Gnade und die Macht Gottes offenbaren. Das ist das wunderbare Werk Gottes. Du bist einfach, aber du hast das Herz einer Jungfrau, ein universelles Herz. Du hast insgeheim für die Befreiung deines Volkes und der gesamten Menschheit, für die Einheit der Menschheit und für den Frieden in der Welt gebetet. Es war diese einfache und edle Absicht, die dich zur Geliebten Gottes machte, so dass Gott dir seinen Engel schickte. Maria, ich sage dir wahrlich, dass jeder, der diese edle Absicht hat, vom Engel Gottes besucht werden wird. Ich weiß, dass du dem Ruf Gottes nicht aus eigenem Willen und eigener Kraft folgen kannst. Der Geist Gottes wird auf dich herabkommen und dich dein wahres Selbst entdecken lassen. Bei dieser Entdeckung wirst du erkennen, dass die Berufung eines jeden Menschen darin besteht, das Kind Gottes zu gebären. Es ist die Aufgabe, eine jungfräuliche Mutter Gottes zu sein. Dann wirst du keine andere Wahl haben, als "Ja" zum Ruf Gottes zu sagen. Gott wird dir die Kraft geben, deine Berufung zu bezeugen, als Vorbild für alle Menschen.

Maria

Oh mein Herr, was bedeutet es, eine jungfräuliche Mutter zu sein? Ist es möglich, dass jeder eine jungfräuliche Mutter Gottes sein kann?

Engel

Maria, die Berufung eines jeden Menschen, ob Mann oder Frau, ist es, eine jungfräuliche Mutter zu sein. Wenn du fähig bist zu sagen: "Mein Leben ist nicht mein Leben, sondern das Leben Gottes; meine Kinder sind nicht meine Kinder, sondern Gottes Kinder; und meine Handlungen sind nicht meine Handlungen, sondern Gottes Handlungen", dann wirst du eine jungfräuliche Mutter. Jeder Augenblick deines Lebens wird zu einer jungfräulichen Geburt. Jeder Augenblick deines Lebens wird zu Weihnachten. Weißt du noch, was Jesus Christus gesagt hat? "Die Werke, die ich tue, sind nicht meine, sondern der Vater, der in mir wohnt, tut seine Werke". Er war eine jungfräuliche Mutter. Er feierte Weihnachten in jedem Augenblick seines Lebens.

Maria

Oh mein Herr, ist die jungfräuliche Mutter nicht ein Widerspruch? Wenn man eine Jungfrau ist, kann sie keine Mutter sein, und wenn man eine Mutter ist, kann sie keine Jungfrau sein?

Engel

Maria, indem du leibliche und geistige Kinder zur Welt bringst, wirst du für sie zur Mutter, aber du verlierst deine Jungfräulichkeit nicht. Du bleibst eine Jungfrau. Eine Jungfrau wird eine Mutter und bleibt eine Jungfrau. Das ist das Geheimnis der jungfräulichen Geburt und der jungfräulichen Mutterschaft, für die du und alle M e n s c h e n manifestiert sind. In der Tat ist dies der ursprüngliche Zustand der Menschen, die nach dem Bild und Gleichnis Gottes geschaffen wurden. Erinnerst du dich an Adam und Eva im Garten Eden? Sie wandelten mit Gott in der Kühle des Abends. Sie waren nackt und schämten sich nicht. Sie kannten weder Gut noch Böse. Sie befanden sich in einem Zustand der völligen Leere. Sie erlaubten Gott, in und durch sie zu leben. Sie waren jungfräuliche Mütter. Das gilt auch für jeden, der Gott erlaubt, in ihm oder ihr zu wirken. Natürlich lebten Adam und Eva dieses Leben unbewusst, aber die Menschen sind eingeladen, bewusst in dieses Leben einzutreten.

Maria

Oh mein Herr, es fällt mir schwer zu sagen, dass meine Handlungen Gottes Handlungen sind und mein Leben Gottes Leben ist. Was ist, wenn ich etwas Schlechtes tue? Dann werde ich in einem Zustand der Verwirrung sein. Es wird mir schwerfallen zu sagen, dass sie auch Gottes Handlungen sind. Was bringt mich dazu zu sagen, dass meine Handlungen Gottes Handlungen sind? Bitte erklären Sie mir diese Frage genauer.

Engel

Maria, in Wahrheit ist alles Leben Gottes Leben, alle Kinder sind Gottes Kinder und alle Handlungen sind Gottes Handlungen, denn es gibt nur einen Gott, ein Leben, eine Wahrheit und einen Weg. Nur wenn du diese Wahrheit existentiell erkennst, wirst du in der Lage sein zu sagen: "Mein Leben ist Gottes Leben und meine Handlungen sind Gottes Handlungen". Aus Unwissenheit eignet sich der Mensch an, was Gott gehört, und fragmentiert das Leben. Sünde ist Fragmentierung des Lebens. Aus dieser Zersplitterung des Lebens entstehen das Böse und die Gewalt in der Welt.

Maria

O mein Herr, was bedeutet es, dass es nur ein Leben, eine Wahrheit und ein Leben gibt?

Engel

Maria, erinnerst du dich an die beiden Bäume, die Gott im Garten Eden gepflanzt hat: den Baum des Lebens und den Baum der Erkenntnis von Gut und Böse? Diese beiden Bäume sind die Symbole für zwei Lebensweisen. Der Baum hat Blätter, Zweige, einen Stamm und Wurzeln. Sie sind alle miteinander verbunden. Es gibt nur einen Baum, ein Leben, eine Wahrheit und einen Weg. Es gibt nicht Gut und Böse, sondern nur das absolut Gute. Wenn zwischen i h n e n Harmonie herrscht, dann i s t es der Baum des Lebens. Jedes Blatt wird sagen: "Meine Handlungen sind nicht meine Handlungen, sondern die Handlungen des ganzen Baumes". Wenn ein Blatt sagt, dass es seine Handlungen allein macht, dann ist das eine Lüge. So ist es auch beim M e n s c h e n. Das Blatt steht für den Körper oder die Individualität. Der Zweig steht für das kollektive Bewusstsein oder die Zugehörigkeit zu einer religiösen Tradition. Der Stamm steht für das universelle Bewusstsein, das unser Abbild und Ebenbild von Gott ist, und die Wurzeln stehen für das göttliche Bewusstsein. Wenn sie alle in Harmonie sind, dann ist es der Baum des Lebens. Nur in diesem Bewusstsein kann ein Mensch sagen: "Mein Leben ist nicht mein Leben, sondern Gottes Leben", und "Meine Handlungen sind nicht meine Handlungen, sondern das Handeln Gottes". Ein Mensch kann sagen, dass es nur einen Weg, eine Wahrheit und ein Leben gibt. Maria, wenn es eine Disharmonie zwischen diesen vier Ebenen gibt, dann hast du den Baum der Erkenntnis von Gut und Bösen. Das menschliche Bewusstsein fällt auf die Ebene der Äste und Blätter und vergisst den Stamm und die Wurzeln. Das ist die Fragmentierung von menschlichem Bewusstsein. Diese Fragmentierung ist künstlich, denn kein Zweig und kein Blatt kann ohne den Stamm und die Wurzeln leben. Es ist der Zustand der Unwissenheit. Dieses Bewusstsein schafft eine Welt von Gut und Böse. Auf dieser Ebene denkt der Mensch, er sei d e r Urheber seiner Handlungen. Der Mensch sagt: "Ich bin der Urheber meiner Handlungen". Dieser Mensch kann nicht sagen: "Mein Leben ist Gottes Leben und meine Handlungen sind Gottes Handlungen". Adam und Eva aßen die Frucht vom Baum der Erkenntnis von Gut und Böse und verloren die ursprüngliche Harmonie. Sie verließen d e n Garten Eden. Jesus Christus betrat im Augenblick s e i n e r Taufe den Garten Eden wieder und stellte die ursprüngliche Harmonie wieder her. Er aß von der Frucht des Baumes des Lebens. Er konnte sagen: "Die Werke, die ich tue, sind nicht mein, sondern der Vater, der in mir wohnt, tut seine Werke". Er lebte in einem einzigen Weg, einer einzigen Wahrheit und einem einzigen Leben. Dieses Leben bezeichnete er als "das Reich

Gottes". Jesus lud alle ein, von der Frucht des Baumes des Lebens zu essen, den Garten Eden wieder zu betreten und in das Reich Gottes einzugehen, mit dem Wort, zu bereuen. Leider, aber verständlicherweise, haben seine Anhänger ein anderes kollektives Bewusstsein, einen anderen Zweig geschaffen und sind im Baum der Erkenntnis von Gut und Böse geblieben. Maria, dein Bewusstsein befindet sich noch auf der Ebene des Zweiges, deiner religiösen Tradition. Gott lädt dich ein, die Frucht vom Baum des Lebens zu essen, um wieder in dein ursprüngliches Bewusstsein, in deine ursprüngliche Harmonie einzutreten. Diese ursprüngliche Harmonie ist dein wahres Leben und das wahre Leben eines jeden M e n s c h e n. Gott bittet uns, unser Leben als Abbild und Ebenbild Gottes zu leben und nichts weiter. Maria, die Wahl, die du machst, ist nicht nur für dich selbst, sondern für deine Religion und die gesamte Menschheit. In dir werden deine Religion und die gesamte Menschheit zu Jungfrauen. Sieh, was für eine wunderbare Gnade dir zuteilgeworden ist! Du bist wirklich gesegnet unter den Menschen. Deine Antwort wird zu einem Vorbild für jede Religion und jeden Menschen.

Maria

O mein Herr, ich bin die Magd Gottes, lass es mir nach Gottes Willen geschehen.

Als Maria dies sagte, spürte sie, wie der Geist Gottes sie wie eine Flut umgab und sie aufforderte, die Tür ihres Herzens zu öffnen. In der Gegenwart des Gottesgeistes sah sie klar und deutlich, wie in einem Spiegel, den wahren Zweck ihrer menschlichen Existenz, der darin bestand, Gott zu erlauben, in ihr zu wirken. Sie hatte keine wirkliche Wahl. Gott nicht zuzulassen, bedeutete, den geistlichen Tod zu wählen. Als Maria die Tür ihres Herzens öffnete, drang der Geist Gottes in sie ein und erfüllte sie mit einer unbeschreiblichen Freude und einem unbeschreiblichen Frieden.

Dann sang Maria:

Meine Seele preist die Größe des Herrn, und mein Geist jubelt über Gott, meinen Befreier. Denn Gott hat an seine demütige Magd gedacht.
Er hat mich in meinem unbedeutenden und unscheinbaren Zustand besucht. Welch ein Privileg hat er mir zuteilwerden lassen.
Dass ich den Gott der Ewigkeit gebären soll.
Dass ich die Mutter Gottes genannt werde.
Dass ich der Überbringer einer guten Nachricht sein soll.
Dass ich ein Vorbild für den Rest der Menschheit sein soll.
Von nun an werden mich alle Generationen gesegnet nennen.
Er wird wunderbare Taten in mir vollbringen und mir, einem einfachen Kind, das Geheimnis offenbaren.
Das Geheimnis, das den Weisen und den Gelehrten verborgen ist.
Das Geheimnis der jungfräulichen Mutterschaft.
Gepriesen sei sein heiliger Name.
Er trägt die gesamte Schöpfung in sich
Und er lebt im Herzen eines jeden Geschöpfes.
Er füllt die gesamte Schöpfung mit seiner Herrlichkeit.
Er nährt jedes Wesen mit seinem Heiligen Geist.
Er ist bedingungslose Liebe.
Er ist voller Mitgefühl und Barmherzigkeit
Und seine Vergebung hat kein Ende.
Er befreit die Menschen von ihrer Unwissenheit.
Und schenkt ihnen Leben und Freiheit.
Er hat die Schöpfung entfaltet um seine eigenen unendlichen, echten Eigenschaften zu offenbaren.
Er befreit jeden von seiner Unwissenheit.
Und seine Weisheit durchbricht die Mauern der Trennung.
Sein Kind schafft 'einen Gott, eine Schöpfung und eine Menschheit'.
Und bringt Frieden und Harmonie in die Welt.
Es bringt die Eigenschaften Gottes in Beziehungen zur Welt und verwandelt sein Leben in das Leben Gottes, sein Handeln in das Handeln Gottes.
Meine Seele preist die Größe des Herrn
Und mein Geist jubelt über Gott, meinen Befreier.

Der Engel verließ Maria.

Sahajananda (Bruder John Martin) wurde 1955 geboren und wurde einer der engsten Anhänger von Pater Bede Griffith, der ihn stark beeinflusste. Seine theologischen Studien absolvierte er am St. Peter's Seminary in Bangalore, wo er die Schriften der Gründer von Shantivanam (Jules Monchanin und Henry Le Saux) entdeckte. Diese Entdeckung veränderte seine Vision von Christus und dem Christentum.

Im Jahr 1984 verließ er seine Diözese und trat in die Gemeinschaft von Shantivanam ein, um als Benediktinermönch in der Nähe von Pater Bede Griffith zu leben.

Shantivanam gehört der Kongregation der Kamaldulenser im Orden des Heiligen Benedikt an. Sahajananda hat ein Lizentiat in Spiritualität von der Gregorianischen Universität in Rom erhalten. Heute ist er als spiritueller Leiter im Ashram tätig (2012).

Er ist sehr im interreligiösen Dialog engagiert, insbesondere zwischen Hinduismus und Christentum. Er unterrichtet die Besucher des Ashrams in "Indisch-christlicher Spiritualität". Dabei handelt es sich um eine Form der Spiritualität, die die verbindenden Elemente zwischen allen Religionen und auch die Einzigartigkeit jeder spirituellen Tradition aufzeigt. Sie öffnet sich aber auch für eine Spiritualität, die über religiöse Grenzen hinausgeht.

Er wird häufig nach Europa eingeladen, um Vorträge, Einkehrtage und Seminare zu halten und seine einzigartige Vision des Christentums für das dritte Jahrtausend zu vermitteln.

Er hat viele Bücher und Artikel geschrieben, darunter *You Are The Light, Hindu - Christ, The 4 O'Clock Talks, Mission Without Conversion, What is Truth...*